PUBLICATIONS DE LA RÉUNION DES OFFICIERS

MÉLANGES MILITAIRES
(32ᵉ SÉRIE)
XXIII

RÉORGANISATION

DU

SERVICE DE SANTE

MILITAIRE

PAR

LE Dʳ JUDÉE

MÉDECIN-MAJOR AU 10ᵉ D'ARTILLERIE

PARIS

CH. TANERA, ÉDITEUR

LIBRAIRIE POUR L'ART MILITAIRE ET LES SCIENCES

Rue de Savoie, 6

1873

RÉORGANISATION

DU

SERVICE DE SANTÉ MILITAIRE

MÉLANGES MILITAIRES

PREMIÈRE SÉRIE

CONTENANT

LES PRINCIPAUX ARTICLES PUBLIÉS

DANS LE

BULLETIN DE LA RÉUNION DES OFFICIERS

EN 1871 ET 1872

5 VOLUMES PETIT IN-8° CARTONNÉS

Prix : 25 fr.

Il ne reste qu'un très-petit nombre de collections complètes.

124 — Paris, imp. A. Dutemple, 64, rue Bonaparte.

PUBLICATION DE LA RÉUNION DES OFFICIERS

RÉORGANISATION

DU

SERVICE DE SANTÉ

MILITAIRE

PAR

LE Dr JUDÉE

MÉDECIN MAJOR AU 10e D'ARTILLERIE

PARIS

CH. TANERA, ÉDITEUR

LIBRAIRIE POUR L'ART MILITAIRE ET LES SCIENCES

Rue de Savoie, 6

1873

RÉORGANISATION

DU

SERVICE DE SANTÉ MILITAIRE

DU RECRUTEMENT DES MÉDECINS MILITAIRES.

Malgré tous les procédés plus ou moins ingénieux imaginés jusqu'à ce jour, le recrutement des médecins militaires a toujours été difficile. Grâce au service obligatoire, nous allons indiquer un nouveau moyen de les recruter en aussi grand nombre qu'on voudra et sans qu'il en coûte une obole à l'État.

Tous les étudiants en médecine du même contingent, pourvus, au moment du tirage, d'une première inscription de médecine ou qui seraient en droit d'en prendre une, commenceraient à servir dans l'armée nationale, pendant leurs deux premières années, comme aides panseurs ou *élèves de santé militaires*, mais ils ne feraient ce service qu'en temps de guerre ou bien de *mobilisation annuelle* c'est-à-dire pendant les un ou deux mois de grandes manœuvres auxquelles le gouvernement sera obligé de se résoudre dans un avenir plus ou moins rapproché pour l'armée active (première et deuxième portion). Ce temps serait consacré à les mettre au courant du service d'ambulance en campagne.

Après ces deux premières années de service, tous subiraient un premier examen, à la suite duquel, en cas de réception, ils seraient nommés *sous-aides*, mais ils n'en rempliraient les fonctions que jusqu'au moment où ils seraient reçus *docteurs*, et seulement encore en temps de guerre ou bien pendant les deux mois de mobilisation annuelle. Quant à ceux qui auraient échoué à ce premier examen, ils continueraient à faire les trois dernières années du service actif qui leur restent à faire, comme simples élèves ou, en cas de refus, comme simples soldats de l'armée active, mais, bien entendu, ainsi que leurs collègues plus heureux, simplement en temps de guerre ou bien pendant les deux mois de mobilisation annuelle.

Les sous-aides, une fois reçus docteurs en médecine, passeraient un dernier examen qui, convenablement soutenu, conférerait le grade d'*aide-major titulaire* à ceux qui désireraient continuer à servir comme médecins dans l'armée active ; d'aide-major auxiliaire à ceux qui demanderaient à entrer dans la réserve. Tous ceux qui auraient été refusés passeraient aussi dans la réserve, mais seulement avec le titre de sous-aides auxiliaires.

Comme complément à tout ce qui précède, dans le but de ne porter aucune atteinte aux études des élèves en médecine, tous les ans les cours de la Faculté seraient suspendus pendant toute la durée de la mobilisation ; en temps de guerre, tant que durera la campagne.

RÉORGANISATION PROPREMENT DITE DU SERVICE
DE SANTÉ MILITAIRE.

La nouvelle organisation du service de santé militaire que nous allons exposer repose sur ce principe pour lequel nous combattons depuis si longtemps et qui, grâce à nos malheurs, tend enfin à prendre racine en France : c'est que l'armée doit être organisée en tout temps de façon à pouvoir passer, du jour au lendemain, de l'état de paix à l'état de guerre.

Dans ces conditions, quoi qu'en puissent penser encore certains écrivains militaires, la brigade deviendra l'unité militaire aussi bien au point administratif que tactique, et devra être pourvue de tous les services dont elle peut avoir besoin pour fonctionner régulièrement en tout temps, et entre autres d'un *service sanitaire*.

Mais avant d'aller plus loin, disons tout d'abord qu'en raison de la loi sur le service obligatoire, telle qu'elle vient d'être votée, sous le nom générique de *brigade*, nous n'entendons pas seulement parler de la brigade active, mais encore de celles qui doivent au besoin lui venir en aide et qui sont, selon nous, la brigade de réserve et celle de l'armée territoriale. Notre service de santé de brigade sera donc organisé de telle sorte qu'en cas de nécessité, il puisse suffire aux besoins de ces trois brigades.

Pour atteindre ce but, ce service serait fait, en temps de paix, seulement par trois *compagnies sanitaires* dont la réunion constituerait le *bataillon sanitaire* actif; mais en temps de guerre on pourrait disposer de trois de ces bataillons, qui seraient : 1° le précédent, 2° le bataillon sanitaire de réserve, 3° enfin celui de l'armée territoriale. De plus, tous ces bataillons, au lieu d'être à trois compagnies comme le bataillon actif en temps de paix, en auraient six. — En tout temps ils seraient placés sous les ordres d'un médecin en chef, assisté d'un second.

Le personnel médical et administratif de chaque compagnie sanitaire se composerait, en temps ordinaire, d'un médecin-major de 1re classe, d'un second de 2e classe et de deux aides-majors, de deux officiers d'administration, de deux gardes de santé, de deux infirmiers-majors, de quatre sergents infirmiers et de huit caporaux.

Le corps des infirmiers-brancardiers, au nombre de huit aussi, jouant, principalement dans ces circonstances, le rôle d'infirmiers et d'hommes de corvée, et les hommes en traitement à l'infirmerie constitueraient le personnel proprement dit de cette compagnie.

Dans le cas où les trois compagnies du bataillon sanitaire, qui seraient les seules qui fonctionneraient en temps de paix, ne seraient pas suffisantes, eu égard aux besoins de ce service, une ou un plus grand nombre d'elles seraient divisées en deux portions égales, de manière à former des *sections* d'infirmerie.

Le personnel médical et administratif de chaque section ne se composerait donc plus que d'un médecin-major, d'un aide-major, d'un officier d'administration, que nous désignons plus communément sous ce nom : *officier de détails*, d'un garde de santé, de deux sergents, de quatre caporaux et infirmiers-brancardiers.

En cas de guerre ou de grandes manœuvres, le bataillon actif sanitaire, au lieu d'être à trois compagnies, en aurait toujours six. Il en résulterait nécessairement encore le dédoublement de tout le cadre des compagnies sanitaires, et par suite une insuffisance de personnel, surtout de personnel médical. On y remédierait facilement en comblant les vides résultant du départ d'un certain nombre de médecins titulaires par deux ou trois sous-aides et quatre élèves, ainsi que nous l'avons déjà laissé entrevoir lorsque nous nous sommes occupé du recrutement des médecins militaires.

Quant aux caporaux et infirmiers supplémentaires, ils seraient fournis par ceux qui ont terminé leurs deux premières années de service comme infirmiers, et, dans le cas où ils ne seraient pas encore suffisants, par les jeunes soldats qui, ayant fait leurs deux premières années de service, auraient quelque raison plausible à donner pour ne pas continuer leur service dans les bataillons de guerre.

En définitive, en temps de guerre ou de grandes manœuvres, les compagnies actives de santé de la brigade, au nombre de six, au lieu de trois qu'elles seraient ordinairement, se composeraient comme personnel, sans compter les blessés ou malades, d'un médecin-major, d'un aide-major, de trois sous-aides et quatre élèves, d'un officier de détails, d'un garde de santé, d'un infirmier-major, de deux sergents, de quatre caporaux et de seize infirmiers-brancardiers au moins, sinon le double.

Les bataillons de santé de la réserve et de l'armée territoriale seraient organisés identiquement de la même manière. Seulement leurs cadres, sauf les élèves et la plupart des sous-aides, seraient complétement fournis par la réserve et l'armée territoriale. Ces deux bataillons, du reste, ne fonctionneraient jamais qu'en cas de guerre. Dans ces conditions, le bataillon de réserve, en attendant sa complète formation, s'installerait dans les locaux laissés vacants par le départ du premier bataillon ou bataillon actif. Dès qu'il serait prêt, il partirait lui-même à son tour pour laisser la place au bataillon sanitaire de l'armée territoriale, qui viendrait s'y installer en dernier lieu pour y soigner les blessés ou les malades que les bataillons sanitaires de *première ligne* pourraient lui envoyer.

En temps de paix, le service de santé de compagnie active se ferait dans des locaux spéciaux dont l'ensemble serait désigné sous le nom d'*ambulance sédentaire* ou bien, plus simplement, sous celui d'*infirmerie*.

Un certain nombre de ces infirmeries pourraient être installées dans les bâtiments aujourd'hui affectés aux hôpitaux militaires, entièrement supprimés par notre nouvelle organisation du service de santé militaire; mais ce ne serait jamais qu'en nombre restreint, et il faudrait nécessairement avoir recours à d'autres bâtiments que ceux-là si l'on voulait assurer complétement ce genre de service.

En général, une infirmerie se composerait d'une ou de plusieurs salles pour les blessés, situées de préférence au rez-de-chaussée; d'une ou de plusieurs salles pour les fiévreux; d'une troisième pour les vénériens, et enfin, d'une dernière pour les galeux ou bien ceux atteints d'affections herpétiques.

Les dépendances comporteraient la salle des conférences, servant aussi de salle d'opérations, la cuisine, la pharmacie, la salle de bains, le logement des sous-officiers et infirmiers, enfin sinon le logement de l'officier de détails, tout au moins ses bureaux.

La salle ou les salles de blessés seraient assez grandes pour contenir de 35 à 40 hommes; celle des fiévreux, autant de fiévreux; la salle des vénériens et des galeux, chacune de 20 à 25 personnes; enfin le logement des infirmiers, le même nombre d'hommes. Il va sans dire qu'il n'y aurait absolument rien de fixe dans cette distribution des salles, et qu'elle pourrait être modifiée toutes les fois que les circonstances viendraient à l'exiger.

La cuisine serait garnie d'un fourneau pourvu au moins de trois marmites : deux grandes et une petite; la plus grande servirait à faire du bouillon, la seconde, à chauffer l'eau nécessaire aux bains et aux soins de propreté de l'intrmerie. La plus petite serait employée à la préparation des aliments spéciaux exigés par l'état général de certains malades.

La tisanerie aurait aussi un fourneau destiné à l'exécution des différentes préparations pharmaceutiques pour lesquelles l'intervention de la chaleur est indispensable. Quant à la pharmacie, elle serait organisée nécessairement de manière à suffire au nouveau genre de services qu'elle est dorénavant appelée à rendre.

Il en serait de même des salles de bain, qui actuellement sont si mal agencées dans les infirmeries régimentaires qu'on ne s'en sert qu'en cas d'absolue nécessité.

En temps de guerre ou de grandes manœuvres, les ambulances actives s'installeraient là où elles le pourraient, conformément à l'avis du médecin en chef d'ambulance, ou bien dans les locaux qui leur seraient indiqués par l'autorité militaire. Se servant de tout le matériel qu'elles traînent avec elles, elles s'y organiseraient promptement et le mieux qu'elles pourraient, de façon à ce que les blessés souffrissent le moins possible de cette installation qui, bien que provisoire, durerait tant que les blessés ne seraient pas transportables dans des établissements hospitaliers plus éloignés.

En tout temps le médecin en chef de brigade, aidé de son second, serait préposé à la haute direction et à la surveillance du service de santé.

En cas d'absence ou de maladie, il serait remplacé par son adjoint, qui serait aussi chargé de le représenter, en temps de guerre, à la portion active de la brigade. Assisté en outre de son conseil, formé des trois médecins de 1re classe, il déciderait en dernier ressort sur toutes les difficultés qui pourraient se produire à propos du recrutement, des réformes, retraites, congés de convalescence, etc., etc.

En garnison, le service de santé d'infirmerie serait fait alternativement par le médecin-major de 1re classe et celui de 2e classe; les aides-majors, à tour de rôle, feraient le service de *semaine* et celui de *visite*.

L'aide-major de *semaine*, appelé à remplacer le médecin de troupe, complétement supprimé aussi dans la nouvelle organisation que nous proposons, ferait la visite dans les quar-

tiers dont l'infirmerie doit recevoir les malades. Il y enver-
rait ceux qu'il jugerait le plus gravement atteints et adminis-
trerait, séance tenante, à ceux qui ne seraient qu'indisposés
les médicaments dont ils pourraient avoir besoin. Ces médicaments seraient enfermés dans une armoire placée dans la
salle de la caserne où il doit passer la visite. Préposé encore
au service des isolés et autres, il serait appelé à leur donner
les premiers secours lorsqu'un accident surviendrait. Enfin il
serait chargé à la fois du service de place et de celui que,
dans les hôpitaux civils et militaires, on désigne sous le nom
de service de garde.

L'aide-major de *visite* surveillerait et présiderait au service de la pharmacie, assisterait le médecin traitant dans tous
les soins à donner aux malades, et le remplacerait auprès
d'eux en cas d'absence.

Les infirmiers-majors, sortant de la classe des commis aux
écritures et nommés au concours, seraient employés chacun
à leur tour au service des salles ou bien à celui de la pharmacie. Le premier tiendrait le cahier de visite ; le second
celui de la pharmacie.

Les sergents seraient préposés au service de la cuisine, de
la lingerie et de la tisanerie. Chacun d'eux serait aidé par
deux caporaux et un certain nombre d'hommes de corvée.
Quant aux caporaux restants, ils seraient employés au service
de garde.

Ainsi que nous l'avons déjà dit, les infirmiers-brancardiers et les hommes en traitement à l'infirmerie représente-
raient les éléments constitutifs de la compagnie sanitaire.
Ces derniers ne seraient plus envoyés dans les hôpitaux civils et non pas dans les hôpitaux militaires, puisque dans
notre nouvelle organisation les infirmeries sont destinées à
les remplacer, que par manque de place ou bien par suite
d'insuffisance dans les moyens thérapeutiques, et encore pour

que cette dernière clause fût reconnue valable, faudrait-il que cette insuffisance fût admise à la fois par les deux médecins traitants.

Lorsqu'un homme viendrait à mourir à l'infirmerie, en cas de manque de place pour recevoir son corps, ce corps serait envoyé à l'hôpital civil, où l'enterrement aurait lieu. Toutes les fois aussi que l'infirmerie ne serait pas assez grande ou assez bien disposée pour recevoir des officiers, si l'un d'eux venait à tomber malade, il serait soigné, à son gré, chez lui ou bien à l'hôpital civil.

Les prestations en nature auxquelles auraient droit les hommes en traitement à l'infirmerie seraient délivrées par l'officier comptable, d'après les demandes faites sur le cahier de visite par le médecin traitant. Ce cahier jouerait donc, en comptabilité, le même rôle que les situations fournies chaque jour par les commandants de compagnie. Les allocations de chauffage et d'éclairage se feraient conformément à la méthode actuellement en usage ; seulement elles seraient nécessairement proportionnées aux nouveaux besoins de ce service. Quant aux dépenses éventuelles occasionnées par cette nouvelle organisation des infirmeries, elles seraient payées au moyen de la *masse générale d'entretien* de chaque compagnie sanitaire.

Les médicaments continueraient à être délivrés par *les réserves des médicaments*, les seuls endroits où nous comprenions la nécessité des pharmaciens militaires ; mais, au lieu de n'être distribués, comme aujourd'hui, que tous les trois mois, ils le seraient toutes les fois que le médecin en chef d'infirmerie en ferait la demande. Ce médecin ne serait pas non plus obligé de se renfermer d'une manière absolue, à leur sujet, dans les limites prescrites par le règlement : il aurait le droit de prendre les quantités dont il aurait besoin, pourvu que plus tard, au moyen du cahier de pharmacie, il pût en justifier l'emploi.

Enfin, en attendant de nouvelles études sur la literie, celle qui manquerait pourrait être fournie par les lits militaires. Ces fournitures seront au nombre de 150 à 200 par infirmerie, de 50 à 60 par section d'infirmerie.

Nous venons d'étudier de quelle façon s'exécuterait en temps de paix le service de santé pour une brigade. Nous allons maintenant examiner comment les choses se passeraient d'abord en temps de manœuvres, ensuite en campagne.

A l'époque des grandes manœuvres, sur les six compagnies du bataillon actif de santé, trois seulement partiraient dans le but de représenter les ambulances actives en temps de guerre; les trois autres resteraient pour constituer celles que nous désignons le plus communément sous le nom d'infirmeries. Il n'en serait nullement ainsi pour les ambulances de la réserve et de l'armée territoriale, qui ne seraient jamais mobilisées que par exception et uniquement pour constater qu'ils pourraient au besoin entrer en campagne.

En temps de guerre, toutes les ambulances du bataillon actif se mettraient en marche avec la brigade à laquelle elles appartiendraient, emmenant avec elles tout leur matériel de campagne.

Ce matériel serait transporté par une section du train qui lui serait spécialement affectée. Je ne veux pas décrire ici ce matériel, cela me conduirait beaucoup trop loin, mais nous tenons à faire savoir dès aujourd'hui que, divisé en autant de portions semblables qu'il y a d'ambulances dans une brigade, il ne ressemblerait en rien à celui actuellement en usage, bon tout au plus pour les guerres fantaisistes d'Afrique, mais nullement approprié à une guerre européenne.

La garde de ce matériel serait confiée au garde de santé, choisi parmi les infirmiers-majors les plus méritants. Sa position dans l'armée serait équivalente à celle des gardes d'artillerie où bien du génie. Ce garde serait assisté dans l'accomplissement de ses fonctions par les sergents d'infirmerie.

Le service journalier d'ambulance s'exécuterait en campagne à peu près comme en temps de paix ; seulement le service de semaine, au lieu d'être fait par les aides-majors, le serait par les *sous-aides*. Enfin le jour du combat, les ambulances actives ou de première ligne enverraient leurs aides-majors, aidés de deux sous-aides et de deux élèves, présider à l'enlèvement immédiat de tous les blessés de la portion du champ de bataille ocupée par la brigade dont ils dépendraient.

Une fois relevés, tous ces blessés seraient portés dans un endroit autant que possible à l'abri des projectiles ennemis ; là ils recevraient les premiers soins, en attendant qu'ils puissent être transportés, chacun selon la gravité de ses blessures, à l'ambulance proprement dite, située beaucoup plus loin. Le transport des blessés à l'ambulance provisoire *ou volante* s'effectuerait par l'intermédiaire de tous les infirmiers-brancardiers, placés à cet effet sous les ordres d'un nombre suffisant de sergents et de caporaux infirmiers. De cette façon on parviendrait peut-être à empêcher complétement les combattants de quitter la lutte sous prétexte de porter secours à un camarade blessé. Leur transport de l'ambulance volante sur la véritable se ferait avec les *voitures d'ambulance* disposées à cet effet, ainsi que nous l'indiquerons plus tard dans un autre mémoire.

Autant que possible, loin d'une affaire, on n'emploierait que la moitié des ambulances actives, afin de permettre aux autres de suivre la fortune des brigades dont elles feraient partie. Dans le cas où il serait impossible de procéder ainsi, l'autorité militaire ferait avancer les ambulances de réserve, qui devraient se tenir toujours peu éloignées des corps d'armée auxquelles elles devraient venir en aide. Ces ambulances deviendraient ainsi à leur tour de première ligne, et le seraient tant que les ambulances actives n'auraient pas terminé l'évacuation de leurs blessés sur les établissements hospitaliers de l'intérieur.

Tout ce que je propose là, je le sais bien, serait impossible pour le vaincu, sans la convention de Genève ; mais avec elle, je n'y vois aucune difficulté (1).

Considérant déjà depuis longtemps la *brigade* comme l'unique base de toute réorganisation *sérieuse* de l'armée, on comprendra comment il se fait que nous n'admettions pas les ambulances de division. Nous regarderons cependant comme indispensable la centralisation des services sanitaires, en raison des renseignements à fournir au général en chef et, par suite, au gouvernement, sur tout ce qui a rapport au service de santé de l'armée ; aussi admettons-nous des médecins divisionnaires et même de corps d'armée, mais en nombre restreint et n'ayant d'autres fonctions que celles dont nous venons de parler en dernier lieu.

Toute cette partie de la question, du reste, n'a, selon nous, pour le moment, qu'une importance secondaire, et il nous semble qu'il sera toujours assez temps de s'en occuper quand nous saurons enfin sur quelle base doit reposer la nouvelle organisation du service de santé militaire.

_____

(1) Après l'affaire de Bapaume, les Prussiens ont procédé de cette façon ; ils nous ont abandonné leurs ambulances volantes et autres, avec tout leur personnel.

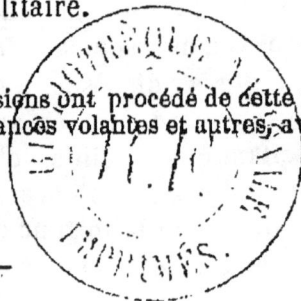

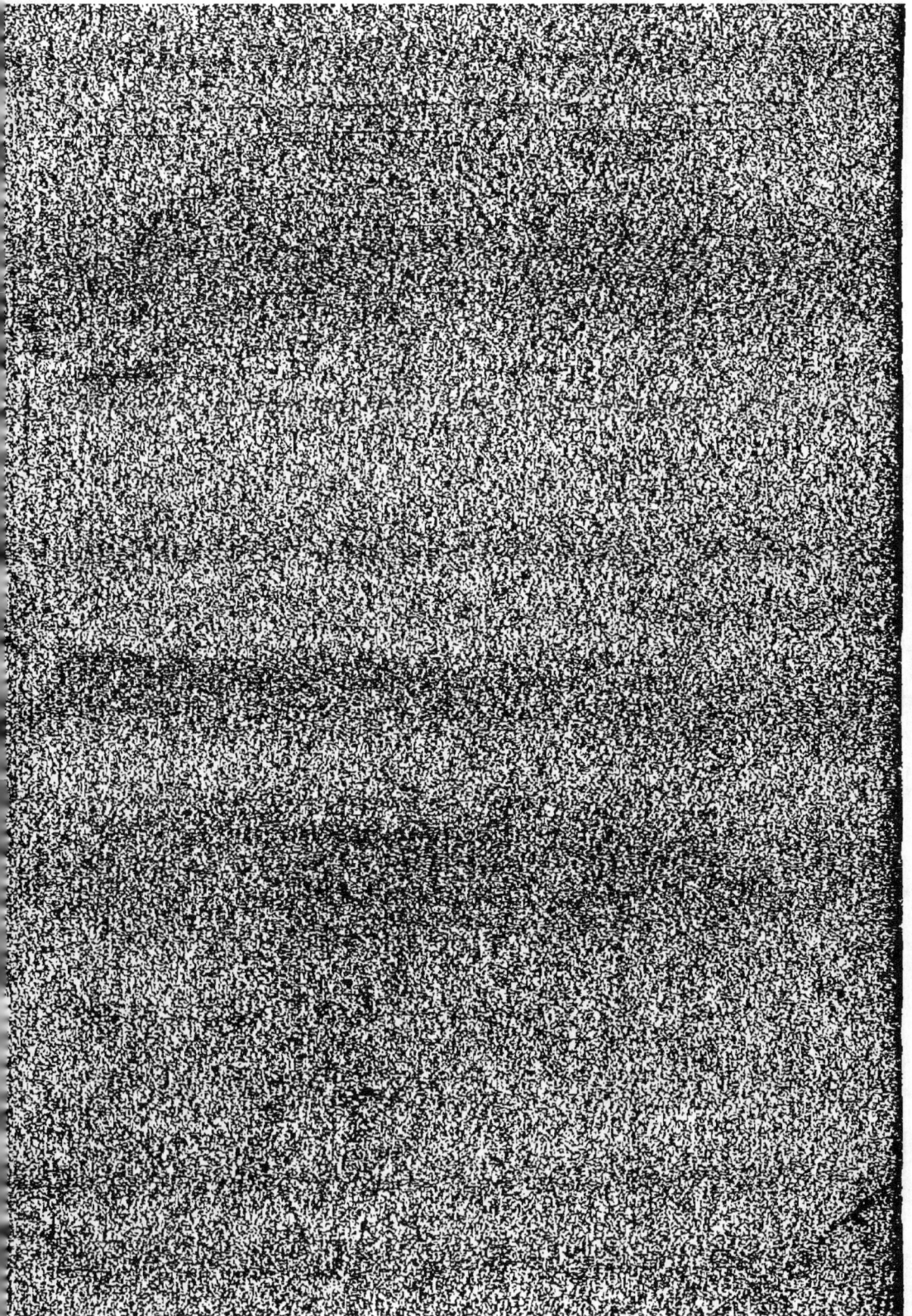

PUBLICATIONS DE LA RÉUNION DES OFFICIERS

EN VENTE A LA MÊME LIBRAIRIE

Les canons géants du moyen âge et des temps
modernes, par R. Wille, lieutenant de l'artillerie prussienne.
Traduit de l'allemand par MM. Gotard et Boppe, lieutenants
d'artillerie, 1 vol. in-8 . . . . 7 fr.

Les mitrailleuses et leur emploi pendant la guerre
de 1870-1871, par Hoffbauer, ancien lieutenant d'artillerie.
Ouvrage traduit de l'allemand par R. G. Boppe . . . . . 5 fr.

Mémoire sur le bombardement de Cherbourg et de Brest,
sous l'empire de l'Empereur Albert d'après les plans
d'Anvers, Plymouth et Portsmouth, par le baron Brunner, lieu-
tenant-colonel d'artillerie, 1 vol. in-8 avec planches . . . . 8 fr.

Règlement du 3 août 1875 sur les manœuvres de l'infanterie de l'armée royale de Prusse, traduit de l'allemand par J. Modrézin, lieutenant au 10e régiment d'infanterie,
1 volume in-12 avec figures et planches de musique, donnant
toutes les sonneries et batteries . . . . 3 fr.

Manuel du sapeur d'infanterie, instruction publiée par le
ministre de la guerre italien. Traduit par MM. Pénon, capitaine,
et DEYDIER-SEIGNAN, 1 vol. in-18 avec 100 planches . . . 3 fr. 50

Manuel du soldat : I. Service intérieur. II. Instruction. III.
Pansage; le pansage et l'entretien de l'arme. IV. Notions
sur le tir du fusil d'infanterie. V. Transport des troupes. VI.
Livrets du chemin de fer. VII. Notions d'hygiène. VIII. Police
des places. VII. Service en campagne, 1 vol. in-18, cart. . 2 fr.

Paris. — Libr. A. Ghémple, 9, rue Bonaparte.

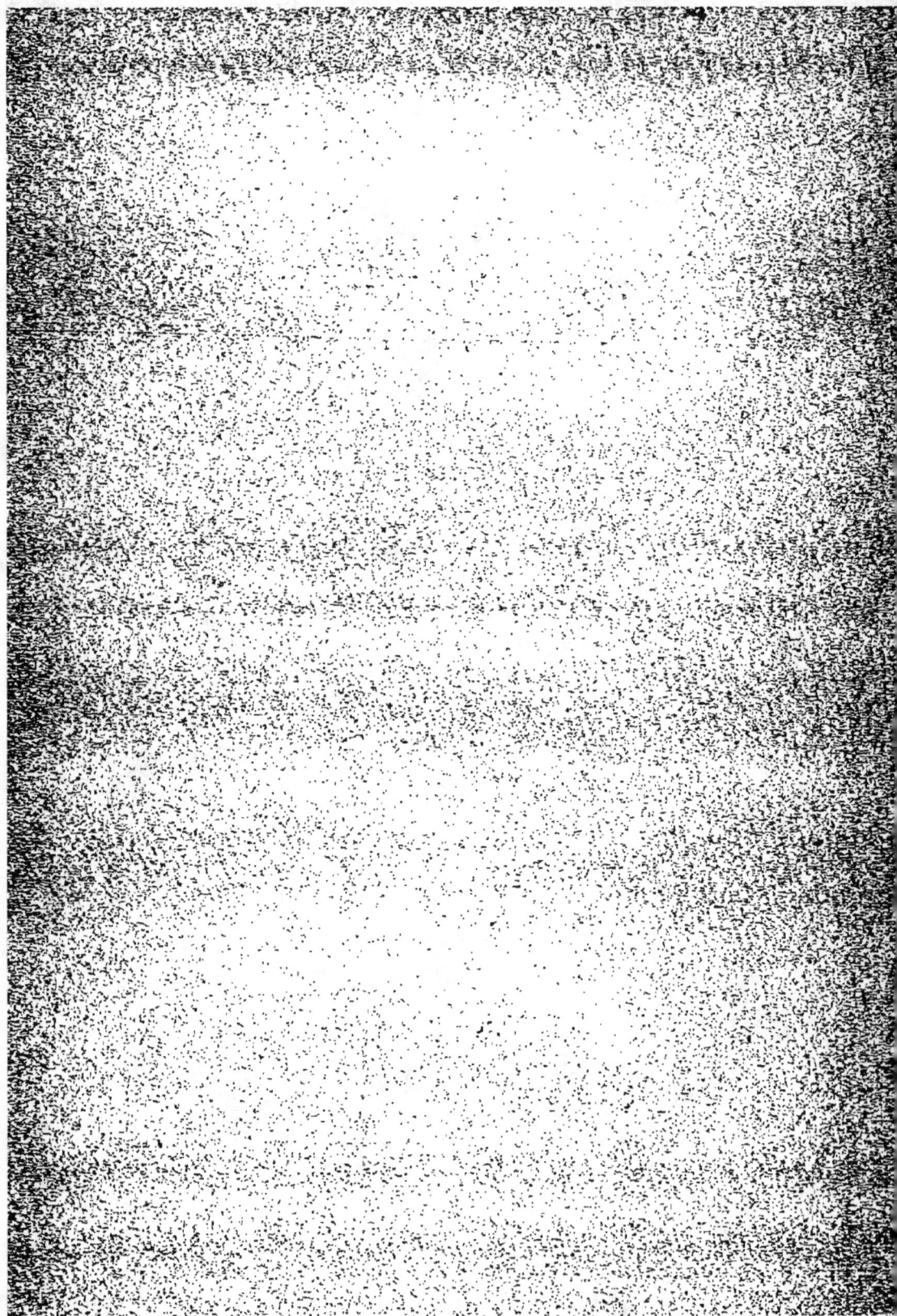

www.ingramcontent.com/pod-product-compliance
Lightning Source LLC
Chambersburg PA
CBHW070749280326
41934CB00011B/2859